Inhalt

Arbeitskosten in der aktuellen Diskussion

Kernthesen

Beitrag

Fallbeispiele

Weiterführende Literatur

Impressum

Arbeitskosten in der aktuellen Diskussion

M.Rinkenburger

Kernthesen

- Laut Auskunft einer Vielzahl deutscher Unternehmen und Politiker sind die Arbeitskosten in Deutschland im internationalen Vergleich viel zu hoch, um mit ausländischen Produkten konkurrieren zu können. (4), (5), (10)
- Immer stärker werden Niedriglohnländer wie China, Indien oder die neuen EU-Staaten in die Produktionsketten deutscher Unternehmen mit eingebunden, um im Markt wettbewerbsfähige Produkte anbieten zu können.
- Gewerkschaften, Arbeitgeber, Gesetze oder politische Interessen sind einige der

Rahmenbedingungen, die auf Höhe und Flexibilität der Arbeitskosten großen Einfluß haben und eine schnelle Anpassung an Marktgegebenheiten erschweren. (2)

Beitrag

Arbeitskosten per se

In den aktuellen Medien taucht bei Diskussionen um Wettbewerbsnachteile, der Auslagerung von Produktionsstätten oder hinsichtlich Unternehmenssanierungen immer auch das pauschale Argument der hohen Arbeitskosten in Deutschland auf. (2), (3) Das Hamburger Institut für Wirtschaftsforschung wies aber bereits in den 90er Jahren darauf hin, dass der Begriff Arbeitskosten sowohl national als auch international nicht einheitlich verwendet wird und deshalb eine pauschale Aussage dazu kaum möglich ist. So werden zum einen die Produktivität, zum anderen eher die Lohnnebenkosten oder Lohnstückkosten als Arbeitskosten betrachtet. Diese unterschiedlichen Definitionen sollten zur Konsequenz haben, dass das jeweilige Verständnis des Begriffes vor jeder Diskussion, Tarifverhandlung oder Veröffentlichung dargelegt wird, um eine einheitliche Ausgangsbasis zu haben. (4)

Karstadt-Quelle, Opel, Siemens, die Deutsche Bahn oder VW sind nur einige Unternehmen, die in den letzten Wochen im Zusammenhang mit hohen Arbeitskosten im Blickpunkt der Öffentlichkeit standen. (1), (6), (8), Bei allen diesen Unternehmen geht es um die Reduzierung der hohen Arbeitskosten. Aufgrund der starren tariflichen, arbeitsrechtlichen und politischen Rahmenbedingungen sind Aktivitäten, die auf eine allgemeingültige Lösung abzielen, kaum möglich. Deshalb wird oftmals auf der Ebene der Betriebsräte und Arbeitgeber versucht, eine unternehmensspezifische Regelungen zu finden, um gemeinsam das Ziel einer Kostenreduzierung zu erreichen. Im Folgenden sind einige Maßnahmen aufgeführt, die zu einer Reduzierung der Arbeitskosten führen können.

-Weihnachts- oder Urlaubsgeld
Viele Unternehmen zahlen ihren Mitarbeitern ein aussertarifliches Weihnachts- oder Urlaubsgeld. Diese Zahlungen werden immer öfter gekürzt oder gestrichen bzw. in leistungsabhängige Komponenten gewandelt. (1),

-40-Stunden-Woche
Vor allem in westdeutschen Unternehmen und Produktionsstätten gilt überwiegend eine

Arbeitswoche unterhalb der 40 Stunden. Einige Unternehmen gehen wieder verstärkt dazu über, wieder die 40-Stunden-Woche ohne Lohnausgleich einzuführen, um so eine erhöhte Produktivität und Wettbewerbsfähigkeit zu erreichen. (1), (8)

-Mehrarbeit
Mehrarbeit wird in vielen Unternehmen mit entsprechenden Zuschlägen vergütet. In Zukunft soll versucht werden, diese Mehrarbeit zu reduzieren bzw. die Zuschläge zu reduzieren oder zu streichen. Diese Maßnahme geht oftmals mit der Einführung einer 40-Stunden-Woche ohne Lohnausgleich einher. (1), (7),

-Einstiegsgehälter
Viele Bewerber spekulieren mit verbesserten Konditionen bei einem Unternehmenswechsel. Waren in den vergangenen Jahren noch Gehaltssprünge von 20 bis 30 Prozent möglich, so legen Unternehmen heute einen verstärkten Augenmerk auf die Gehaltsverhandlungen. Zum Teil gründen Unternehmen auch Tochtergesellschaften mit dem Ziel, neue Mitarbeiter in diesen Gesellschaften einzustellen. In diesen Gesellschaften werden oftmals niedrigere Gehälter gezahlt und reduzierte oder keine Zusatzleistungen bei der Altersversorgung, den Arbeitszeiten oder Sonderzahlungen gewährt.

Kosten einer Arbeitsstunde

Ohne hier näher auf die Definition des Begriffes Arbeitskosten einzugehen, gibt es internationale Vergleiche zu den Kosten je Beschäftigungsstunde. Laut entsprechender Zahlen des Europäischen Statistikamtes vom Frühjahr 2003 liegt im Industrie- und Dienstleistungsgewerbe Schweden mit 28,56 Euro vor Dänemark mit 27,10 Euro an der Spitze. Deutschland rangiert an dritter Position mit 26,54 Euro. (4) Im Automobilsektor liegen die Arbeitskosten in Frankreich bei 23,00 und in Deutschland bei 33,00 Euro, was einem höheren Niveau von 43% entspricht. (6) In der chemischen Industrie liegt Westdeutschland bei den Arbeitskosten je Beschäftigungsstunde mit 41,21 Euro an der Spitze. In Großbritanien sanken sie dagegen um 9,4 Prozent auf 31,13 und in den USA um 11,3 Prozent auf 25,21 Euro. Damit lagen sie leicht unterhalb der ostdeutschen Chemie mit 25,48 Euro. Im Vergleich dazu lagen die Kosten in Polen bei 4,30 Prozent weit darunter. (5) Die Kosten einer Ingenieurstunde klaffen ebenfalls weit auseinander. Liegen sie in Deutschland an der Spitze mit 57 Euro, so kostet diese in Großbritannien 30, in der Tschechischen Republik neun und in Indien 7 Euro. (11)

Die Arbeitskosten in Deutschland würden sich einer

Studie der Deutschen Bank zur Folge bei einer Rückkehr zur 40-Stunden-Woche um ungefähr 11 Prozent reduzieren. Ein Analyst der Dekabank geht dagegen von einem Rückgang der Arbeitskosten um ca. 7 Prozent bei einem gleichzeitigen Rückgang des Konsums aus.(7), (9) Andere Stimmen rechnen allerdings vor allem mit einem starken Rückgang des Konsums aufgrund des dann niedrigeren Einkommens. Die niedrigeren Arbeitskosten und damit einher gehende niedrigere Produktpreise würden den Konsumrückgang keinesfalls kompensieren und somit keinen positiven Nachfrageeffekt erzielen. (7)

Fallbeispiele

Bei der Deutschen Bahn sollen die Arbeitskosten bis 2010 um 5 Prozent gesenkt werden. Dies soll vor allem durch eine Verlängerung der Arbeitszeit erreicht werden. (3)

Nachdem Verhandlungen über Maßnahmen zur Kostenreduzierung zwischen dem Philips-Konzern und der Gewerkschaft IG Metall gescheitert sind möchte der Elektrokonzern einseitig die freiwillige

Schichtzulage streichen, die bis zu 16 Prozent des Gehaltes ausmacht. Gegenstand der ursprünglichen Verhandlungen waren die Erhöhung der Arbeitszeit und die Wandlung des Urlaubs- und Weihnachtsgeldes in eine Gewinnbeteiligung. (12)

Bereits 1996 vereinbarte das Unternehmen Vissmann drei Stunden Mehrarbeit pro Woche ohne Lohnausgleich. Die Mitarbeiter erhielten dafür eine Jobgarantie des Heizungsherstellers. (7)

Der Siemens Konzern erhöhte in einem Werk für die Telefonfertigung die wöchentliche Arbeitszeit auf 40 Stunden und ersetzte das Urlaubs- und Weihnachtsgeld durch eine erfolgsabhängige Jahreszahlung. An einem anderen Produktionsstandort wurden die Arbeitskosten durch unbezahlte Mehrarbeit und eine Kürzung der übertariflichen Zulagen gesenkt. (1)

Bei der Hypo-Vereinsbank wurde den Mitarbeitern für dieses Jahr noch ein halbes Monatsgehalt an Weihnachtsgeld gewährt. In Zukunft wird das Weihnachtsgeld stufenweise durch leistungsabhängige Bonuszahlungen ersetzt, die in Abhängigkeit zum Unternehmenserfolg stehen. (1)

Bei den Beamten ist das Weihnachtsgeld von 84 auf 60 Prozent gesenkt worden. (1)

Weiterführende Literatur

(1) Bei fast allen Sanierungen steht auch das Weihnachtsgeld zur Disposition
aus Frankfurter Allgemeine Zeitung, 08.11.2004, Nr. 261, S. 17

(2) Und es bewegt sich doch
aus Frankfurter Allgemeine Zeitung, 17.11.2004, Nr. 269, S. 11

(3) Bahn-Tarifpartner im Grundsatz einig
aus Frankfurter Allgemeine Zeitung, 26.11.2004, Nr. 277, S. 18

(4) Hohe Löhne – extreme Zurückhaltung Hinweis auf Arbeitskosten in Deutschland greift als Erklärung für Stellenabbau zu kurz / Probleme internationaler Vergleiche
aus Frankfurter Rundschau v. 19.10.2004, S.9, Ausgabe: S Stadt

(5) Arbeitskosten in der Chemie gestiegen
aus Frankfurter Allgemeine Zeitung, 07.10.2004, Nr. 234, S. 16

(6) VW verliert 50 Euro je Fahrzeug Arbeitskosten liegen im Vergleich zu Frankreich 1,5 Mrd. Euro höher
aus Börsen-Zeitung, 05.10.2004, Nummer 192, Seite 10

(7) Längere Arbeitszeiten senken die Arbeitskosten - Warnung vor Kaufkraftverlust Schaffen längere

Arbeitszeiten neue Jobs? Oder werden dadurch Arbeitsplätze vernichtet? Die Ökonomen sind sich nicht einig. Eine neue Arbeitszeitdebatte ist entbrannt Mehr Arbeit durch Mehrarbeit
aus Die Welt, Jg. 59, 09.11.2004, Nr. 263, S. 12

(8) Luber, Thomas / Schneider, Mark. C., Kampf um die Arbeit / Zehntausende von Arbeitsplätzen sind bedroht und die Aussicht bleiben düster: Bis zum Jahr 2015 könnten zwei Millionen Stellen wegfallen, Capital, 28.10.2004, S. 36
aus Die Welt, Jg. 59, 09.11.2004, Nr. 263, S. 12

(9) Toparkus, Katharina, Großangriff auf Feiertage und die 35-Stunden-Woche / Deutschland / der Tag der Einheit bleibt vorerst erhalten trotzdem greift die Erkenntnis um sich: Für mehr Wohlstand muss wieder mehr gearbeitet werden, Börse Online, 11.11.2004, S. 64
aus Die Welt, Jg. 59, 09.11.2004, Nr. 263, S. 12

(10) o.V., DIHK-Umfrage / Längere Arbeitszeiten, Die SparkassenZeitung, 03.12.2004, Nr. 49, S. 2
aus Die Welt, Jg. 59, 09.11.2004, Nr. 263, S. 12

(11) Lust, Wolfgang / Gierse, Helmut, Quo vadis, Deutschland? / Sehen Sie noch Perspektiven für den Industriestandort Deutschland? Industrie Service, Heft 11, 2004, S. 7
aus Die Welt, Jg. 59, 09.11.2004, Nr. 263, S. 12

(12) CHIPSPARTE Krach zwischen Konzern und IG

Metall. Verhandlungen gescheitert. Weniger Geld für Mitarbeiter in Hamburg. Philips: Zulagen fallen weg aus Hamburger Abendblatt, Jg. 57, 22.12.2004, Nr. 300, S. 22

Impressum

Arbeitskosten in der aktuellen Diskussion

Bibliografische Information der deutschen Nationalbibliothek

Die Deutsche Nationalbibliothek verzeichnet diese Publikation in der deutschen Nationalbibliografie; detaillierte bibliografische Daten sind im Internet über http://dnb.d-nb.de abrufbar.

ISBN: 978-3-7379-0887-0

© 2015 GBI-Genios Deutsche Wirtschaftsdatenbank GmbH, Freischützstraße 96, 81927 München, www.genios.de

Alle Rechte vorbehalten. Dieses Werk ist einschließlich aller seiner Teile – z.B. Texte, Tabellen und Grafiken - urheberrechtlich geschützt. Jede Verwertung außerhalb der Grenzen des Urheberrechtsgesetzes bedarf der vorherigen Zustimmung des Verlags. Dies gilt insbesondere auch für auszugsweise Nachdrucke, fotomechanische Vervielfältigungen (Fotokopie/Mikroskopie), Übersetzungen, Auswertungen durch Datenbanken oder ähnliche Einrichtungen und die Einspeicherung und Verarbeitung in elektronischen Systemen.